¡Sssssshhhhhhhhhh!

Haz del teatro algo íntimo.

Llévalo siempre en el bolsillo

Cubierta y diseño editorial: Éride, Diseño Gráfico
Dirección editorial: ángel jiménez

Primera edición: diciembre, 2023

Asma de copla
El beso en España
Sofisticadas
© Pedro Víllora
© Del prólogo: Lidia García García
© VdB, 2023
Espronceda, 5
28003 Madrid

VdB

ISBN: 978-84-19850-29-4
Depósito Legal: M-35539-2023
Diseño y preimpresión: Éride, Diseño Gráfico

VdB® es una marca registrada de Éride, S.L.

 Este libro protege el entorno

asma de copla

❦

el beso en España

❦

sofisticadas

Pedro Víllora
(La Roda, Albacete, 1968)

Licenciado en Comunicación Audiovisual, Dirección de Escena y Teoría de la Literatura, ha sido periodista (RNE, Telemadrid, ABC, El Mundo) y profesor (Universidad Complutense, Resad...). Entre sus obras destacan *La misma historia*, *Electra en Oma*, *Bésame macho*, *El juglar del Cid*, *Auto de los inocentes*, *Mundo Dante*, *Ofelia* o *María Callas, sfogato*. También ha adaptado textos de Emilia Pardo Bazán (*Insolación*), Galdós (*El caballero encantado*), Gómez de la Serna (*La sagrada cripta de Pombo*), Molière (*Tartufo*), Ibsen (*Casa de muñecas*), Calderón (*La vida es sueño* y *La dama duende*), Sondheim (*Into the Woods*)..., así como el musical *Los chicos del coro*.

Con el ilustrador Das Pastoras ha publicado *Hércules 1417*. Otros libros suyos son *Por el amor de Ladis* (relatos), *Aprendizaje de la mezquindad* (poesía) o *Juegos de cine* (ensayo). Ha escrito las memorias de Sara Montiel (*Vivir es un placer*), Imperio Argentina (*Malena Clara*) y María Luisa Merlo (*Más allá del teatro*) y ha editado a Ana María Matute (*Casa de juegos prohibidos*), Terenci Moix (*La noche no es hermosa*) o Adolfo Marsillach (*Teatro completo*), además de la antología del musical español *Teatro frívolo*. En 2017 recibió la Medalla al Mérito Cultural de Castilla-La Mancha.

PEDRO VÍLLORA

asma de copla

el beso en España

sofisticadas

VdB

A la memoria de Rafael de León,
a quien nunca conocí y tanto debo.

La copla no regresa como delicia que la nostalgia actualiza o los más agudos intentan reivindicar en términos de calidad, antes bien como un testimonio de la ternura que toda una colectividad necesitó desesperadamente y que las ilustres doña Concha, doña Juana o doña Imperio repartieron a manos llenas.

Terenci Moix
Suspiros de España

Prólogo

La música es mucho más que un mero acompañamiento de nuestras existencias. No solo alegra nuestra cotidianidad, sino que nos ayuda –entre otras cosas– a acotar sentimientos informes: a explicarnos, en definitiva, a nosotros mismos. El trabajo de Pedro Víllora es en gran medida una celebración de ese ribete vital invaluable que es la música. Mi primer contacto con su labor fue a través de las memorias de Sara Montiel e Imperio Argentina; después de deleitarme con su destreza a la hora de manejar la densa urdimbre de semejante par de vidas, me aproximé a su teatro. Precisamente las obras que componen este tríptico tienen en común el estar –como las vidas de Sara e Imperio– atravesadas por la música. De hecho las tres se leen tarareando, es casi inevitable hacerlo.

Asma de copla constituye todo un homenaje a ese puntal de la memoria colectiva y la música popular española que es la copla. Víllora nos convierte en público de una conferencia-debate donde se pretenden poner sobre la mesa argumentos a favor y en contra de este género. Sin embargo, ante la ausencia de los defensores, la obra se convierte en un divertido monólogo a cargo del estudioso Andrés Ermitaño a través del cual se satirizan ciertas reticencias intelectuales contra la canción española.

Es bien conocida la inquina –con las tempranas excepciones de voces tan autorizadas y apasionadas como las de Manuel Vázquez Montalbán, Carmen Martín Gaite o Terenci Moix– que tradicionalmente ha despertado la copla entre la «crema de la *intelectualidá*». Los esfuerzos instrumentalizadores de la dictadura franquista han jugado, qué duda cabe, un papel fundamental en ese sentido: el propio personaje de Ermitaño explicita su intención de «combatir la ponzoña del fascismo, que aún pervive solapado gracias a la incomprensible vigencia de la canción que lo representó, lo difundió y lo ensalzó». El repertorio de Juanita Reina o Concha Piquer no es para él más que un compendio de «manifestaciones pseudoartísticas cuya principal virtud, su defecto más característico, es ofrecer un mundo de ilusiones y una embriaguez emocional a un pueblo al que contamina de visceralidad y exaltación pasional».

Una de las cualidades excepcionales de *Asma de copla* es que Pedro Víllora consigue que la canción española se defienda a sí misma, ya que –lejos de esgrimir argumentos a su favor– nos hace observadores de la capacidad de seducción del propio género. En el chistoso devenir del monólogo de Ermitaño, salpicado de las correspondientes interpretaciones musicales, descubrimos que el arrebato de la copla acaba desarmando al más pintado.

Con *El beso en España* viajamos a un viejo café cantante donde diversos artistas trabajan «perdiendo la juventud y la belleza entre esas cuatro paredes». La persecución del a menudo escurridizo sueño del éxito artístico y la celebración del ahínco de quienes consagran su vida a la música sin llegar a oír nunca los aplausos del gran público se mezclan con tangos y canciones tan recordadas como «Canastos», célebre en la versión de Gloria Lasso y Luis Mariano.

Por último, el salón de belleza donde se ubica la acción de *Sofisticadas* sirve de escenario a una divertidísima –todo es deliciosamente superlativo en esta pieza– exploración de la histórica alianza entre la feminidad y la pluma homosexual. La mirada irónica de Víllora se recrea en algunas tensiones de esta coalición, representadas en los intercambios entre dos «afeminados esteticistas» y sus respectivas clientas. La tiranía del yugo estético que diseccionara Naomi Wolf se mezcla aquí con ritmos de Antonio Machín, mientras que la poética de la sumisión amorosa –tan omnipresente también en la copla– se ilustra con la tremenda letra de «Es mi hombre». Las protagonistas, en la línea de lo que cantara la Montiel a la luz de aquella farola de cartón piedra, piden «un hombre que nos ame, que nos desee, que nos proteja», pero también «que nos haga estremecer, que se aproveche de nosotras, que nos haga daño y no le importe, que se marche con otras y vuelva siempre arrepentido (...) que goce con nosotras y nos haga gozar haciéndonos sufrir». Ante el penar femenino, la dialéctica afilada de los esteticistas Tino y Julio toma la forma de unas moixianas garras de astracán que lo mismo arañan que acarician.

Las «risas cómplices» que rematan esta última obra no solo sirven de síntesis a *Sofisticadas*, sino que bien pudieran resumir el presente tríptico: todo un festejo de la música popular, el teatro y, en última instancia, de la alegría misma de vivir. Disfruten del tarareo, tan lúcido como festivo, de Pedro Víllora.

Lidia García García

PEDRO VÍLLORA

asma de copla

VdB

Esta obra se estrenó el 14 de septiembre de 2009 en el Teatro de la Paz de Albacete interpretada por Juanma Cifuentes (ANDRÉS Ermitaño).

Músicos: Agustín Lozano, Víctor Perona y Alberto Marquina.

Adaptación musical: Víctor Perona
Dirección: Juanma Cifuentes.

Repertorio de canciones

1. **La niña de la estación**
   Rafael de León, Manuel López Quiroga
2. **A la lima y al limón**
   Rafael de León, Manuel López Quiroga
3. **Yo soy esa**
   Antonio Quintero, Rafael de León, Manuel López
   Quiroga
4. **Romance de la otra**
   Antonio Quintero, Rafael de León, Manuel López
   Quiroga
5. **¡Al higuí, al higuí!**
   Camilo Murillo, Antonio López-Quiroga Segovia
6. **Doña Mariquita**
   Luis Fernández Ardavín, Jacinto Guerrero
7. **Dime que me quieres**
   Rafael de León, Manuel López Quiroga
8. **Antonio Vargas Heredia**
   Joaquín de la Oliva, Juan Mostazo, Francisco
   Merenciano
9. **Francisco Alegre**
   Antonio Quintero, Rafael de León, Manuel López
   Quiroga
10. **Tatuaje**
    Rafael de León, Xandro Valerio, Manuel López
    Quiroga
11. **Soy una feria**
    Rafael de León, Juan Solano

Personajes

ANDRÉS

En el escenario, que simula el estrado de una sala de conferencias, hay tres sillones, detrás de los cuales aparece un número indeterminado de instrumentos musicales. También hay un perchero con mantoncillos y otras prendas propias de las intérpretes de canción española.

Andrés Ermitaño, un hombre vestido con cierto apocamiento intelectual, aparece visiblemente nervioso. Parece que va a decirle algo al público, pero se reprime y se marcha con el mismo nerviosismo. Se oye cómo habla con alguien fuera de la escena:

ANDRÉS   (Fuera de escena.) ¿Y qué digo? Esto es ridículo. Más que ridículo, es una locura, ¡una completa locura!

(Vuelve a salir y esta vez sí logra balbucear algo.)

Buenas... buenas tardes... noches... Perdón.

(Siente un ahogo. Aspira un inhalador. Se va corriendo y de nuevo se le oye hablar con alguien. Es obvio que fuera le están forzando a que haga algo que no desea hacer.)

(*Fuera de escena.*) ¡No puedo hacerlo! Van a decir que es una tomadura de pelo. ¡Y si no lo dicen da igual porque lo pienso yo!... Voy a seguir adelante porque soy un profesional y toda esa gente que ha venido merece un respeto, pero alguien tendrá que responder de todo esto. ¡Vaya que si van a responder!

(*Regresa ante el público.*)

Señoras, señores... yo... El acto público que nos ha reunido aquí no va a poder celebrarse a la hora anunciada que, de hecho, ha pasado ya. La organización me ha pedido que se lo comunique y así lo hago. El acto público se suspende. Mejor dicho, más que suspenderse se aplaza, pero no sabemos cuánto. Lo mismo basta con cinco minutos, acaso media hora o igual cinco días. No lo sé. Lo que sí sé es que ahora mismo no se puede celebrar. Y no por mi culpa ¿Entendido? ¡No por mi culpa! Que yo llevo aquí más de una hora porque soy tan cumplidor como previsor y siempre llego a los sitios media hora antes de cuando me habían citado. Una hora llevo aquí. ¡Una hora! Más que ninguno de ustedes...

(*Se para. Se diría que está algo molesto, no se sabe si por la incomodidad de una situación que es nueva para él o por temor de haber dicho alguna inconveniencia. Súbitamente desaparece. Se le oye discutir.*)

(*Fuera de escena.*) Pero esta gente llega o no llega? ¡Es que no sé qué más decir! Ya, ya sé que usted es solo un técnico, pero alguien tendrá que hacerse cargo de la situación, de mi situación. ¿Quién se hace cargo de lo que me está pasando a mí?

(*Por cuarta vez,* ANDRES *sale al escenario.*)

Señoras, señores... ¿Qué quieren que les diga? Si alguien prefiere irse, puede hacerlo. Es más, le animo a que se vaya antes que quedarse aquí perdiendo el tiempo. Yo me quedo porque estoy obligado, porque he dado mi palabra y porque no quiero que, si todo se soluciona de repente, después me acusen de que esto no se celebra porque me he marchado sin querer esperar. No, que ya me conozco cómo es la gente que se dedica a estas cosas y por una parte no tienen sentido de la responsabilidad pero por otra son bien picajosos. Que me los veo diciendo: «Ya ves, por diez minutos de nada que llegamos tarde, que ni se notó, y el gordo se había marchado, con toda su pedantería y sus aires de divo». Sí, señores, eso es lo menos que me llamarían: gordo, pedante y divo. Y eso no lo puedo consentir, porque yo no soy divo sino responsable; ni pedante, sino estudioso y comprometido; ni gordo, sino físicamente desarrollado. El desarrollo físico no está reñido con el mental, con la aplicación al esfuerzo intelectual, gracias al cual podemos poner barreras a esa ponzoña filofascista y sentimental llamada canción española, vulgo copla.

(Andres *se queda pensativo.*)

Un momento.

(*Vuelve a hablar entre cajas.*)

(*Fuera de escena.*) Mira, voy a darles una oportunidad. Sigo cinco minutos más y, si no, despedimos a esta gente y nos vamos.

(*Colocándose en medio del escenario, se dirige al público.*)

Pues como les iba diciendo... la copla. Yo no acostumbro a trabajar así, y si alguno de ustedes me conoce podrá dar fe de ello. Me gusta el rigor, la seriedad, el control, la investigación, la precisión, la pulcritud, la exactitud, el orden. Cuando me invitaron a participar en un debate sobre «Revisión y memoria histórica de las manifestaciones musicales populares: la copla», no me negué. Podía haberlo hecho, y entonces ni ustedes ni yo estaríamos hoy aquí. O ustedes no sé, pero desde luego que yo no. Hay muchos otros sitios donde podría estar a estas horas: archivos, bibliotecas, seminarios, centros de investigación... Pero no me negué. Accedí porque ideológica, política y moralmente sentí, y siento, que es mi deber. Mi obligación como intelectual concienciado y comprometido con los más nobles ideales de mi tiempo es luchar por combatir la ponzoña del fascismo, que aún pervive solapado gracias a la incomprensible vigencia de la canción que lo representó, lo difundió y lo ensalzó. No podemos erradicar el mal sin afrontarlo, por eso yo no tengo miedo a echarme la copla cara a cara para desestabilizarla, demostrar sus carencias y sacar a la luz sus perniciosos efectos. Si hay que hablar de la copla, se habla; y si hay que venir a su hora, se viene a su hora y no una hora más tarde, como otros y otras que deberían estar aquí y, a lo que se ve, no están.

(ANDRES *sufre un ahogo y utiliza su inhalador.*)

Perdón. Normalmente lo tengo controlado, pero cuando la situación se sale de control esto también se descontrola. Y si algo me saca de quicio es justamente la copla. Hay quien critica lo que no conoce, pero ese no es mi caso. Yo lo sé todo sobre la copla, absolutamente todo, hasta la última palabra. Por saber sé hasta la verdadera edad de Carmen Sevilla y el nombre del peluquero de Encarnita Polo. Todo. Todo, todito, todo. Ignorar al enemigo es el camino para perder la guerra. Hay que conocerlo, analizarlo, desentrañarlo, descomponerlo en sus partes, recomponerlo y entonces acabar con él. Si no se hace así, el enemigo ganará, y la copla es muy astuta. Las nuevas generaciones que otra vez cantan «Ojos verdes» y «La bien pagá» carecen de referentes y no entienden que le están haciendo el juego al fascismo aceptando la corrupción de sus formas de entretenimiento. Hay que abrir las fosas para desenterrar los huesos de Lorca y enterrar las letras de Rafael de León. Para hablar de eso se me invitó aquí y aquí estoy, estamos, ustedes y yo. Pero los demás... ¿Dónde están los demás? Porque esto es un debate, no una conferencia. Una conferencia es de uno, yo, que me pongo aquí a largar mientras ustedes atienden y luego me preguntan o, si me da por ahí, les pregunto yo. Pero un debate es cosa de dos, de uno que soy yo y estoy aquí, y de otro, otra, que debería estar aquí también pero que no está. Y hasta un debate es cosa de tres, porque aquí falta también el moderador y, por muy moderado que sea yo, siempre hace falta quien dé paso a los turnos de palabra y los quite cuando el otro, o la otra, se pase de tiempo.

En este debate de dos, o de tres, de momento solo estoy yo. Si hubiese un moderador o presentador diría que no necesito presentación, pero aunque es verdad que no lo necesito sí me gusta que me presenten: Andrés Ermitaño, a su servicio de ustedes, de la ciencia y aun de la sabiduría. No diré más de mí porque todos ustedes me conocen. Como estudioso de la intervención del fascismo en los gustos populares, mis investigaciones me han llevado a la conclusión de que tanto la copla como sus aledaños, esto es, el folklore, la canción española, el andalucismo, incluso la revista y la zarzuela, son manifestaciones pseudoartísticas cuya principal virtud, su defecto más característico, es ofrecer un mundo de ilusiones y una embriaguez emocional a un pueblo al que contamina de visceralidad y exaltación pasional, impidiéndole establecer una relación crítica con una sociedad castrada de libertades. Un asco.

He aceptado venir para debatir con la señorita Margarita Majolero, más conocida como Rita Jaleo, intérprete partidaria del revisionismo que intenta sustraer las manifestaciones de la cultura popular de su contexto histórico-político. En fin, qué les voy a decir que no sepan de la desideologización propia de estos tiempos.

Se preguntarán por qué no está aquí, y por qué no está tampoco Pedro Manuel Víllora, el supuesto moderador, y se preguntarán también qué hacen esos instrumentos y esos aderezos ahí al fondo. Para todo tengo una respuesta. Mientras que yo me he desplazado hasta aquí por mis propios medios, me dicen que el señor Víllora ha ido con su vehículo a recoger a Rita Jaleo y a tres músicos que la acompañan para ilustrar su intervención con algunas de las canciones propias de una época para el olvido. Y ahora el señor Víllora, la señorita Jaleo, los músicos y su madre, a quien no tengo el gusto de conocer, me dicen que están en pleno atasco y que lo mismo llegan de un momento a otro que no llegan nunca. ¿Y yo qué hago? ¡¿Yo qué hago?!

Yo me debato conmigo mismo y solo llego a una conclusión: que no es posible debatir si no es con alguien. Me habría encantado que doña Rita Jaleo hubiese desarrollado sus argumentos para machacarlos y deshacerlos, pero si ella no está yo no puedo. Desde luego, una opción posible habría sido declararme vencedor por incomparecencia del contrincante y marcharme a celebrar mi victoria, pero tampoco. Y además hay que considerar que ustedes están aquí, han hecho el esfuerzo de venir y no merecen tener que darse media vuelta sin recibir nada a cambio. ¿Qué hacer? ¿Qué hacer?

Podría aprovecharme de la situación y convertir un debate en una conferencia, pero eso sería demasiado fácil para mí. Y, además, yo soy un caballero demócrata que respeto las diferencias y, en este caso, no tengo problema en reconocer que hasta las ideas equivocadas y el gusto vulgar de la señorita Jaleo tienen el derecho a que alguien los defienda en público. Mi decisión, por tanto, es exponer ante ustedes tanto mi punto de vista progresista como el anclado en el pasado, a fin de que la voz de Rita Jaleo se escuche en tanto sale del atasco y llega hasta aquí. Como conozco bien sus opiniones erradas, no me costará resumirlas brevemente.

Por mi parte, debo decir que la copla es una canción muy peligrosa desde un punto de vista ideológico y formal. Si pueden, traigan al recuerdo una letrilla de Rafael de León con música del maestro Quiroga llamada «La niña de la estación». Un posmoderno diría que es una canción aparentemente cursi que, al ironizar sobre su propia cursilería, transgrede sus márgenes y se descubre como una pieza de sofisticación. Nada más lejos de la verdad. «La niña de la estación» es una cursilada destinada a dinamitar la conciencia crítica de las jovencitas. Vean si no:

Los suspiros son aire y van al aire
las lágrimas son agua y van al mar.
Dime, mujer, cuando un amor se pira,
¿sabes tú dónde va?

La canción se inicia con este recitado, al que sigue la primera estrofa cantada, que dice más o menos así:

Bajaba todos los días
de su casa a la estación
con un libro entre las manos
de Bécquer o Campoamor.
Era delgada y morena,
era de cintura fina,
era más cursi que un guante
la señorita Adelina.

Fíjense en lo que lee la niña Adelina: Bécquer, Campoamor... Rimas fáciles, sentimientos adocenados, amoríos de guardarropía, suspiros y llantos. Pero también una mentalidad fantasiosa. Por eso sigue:

Y como ver pasar trenes
era toda su pasión,
en el pueblo la llamaban,
la Niña de la Estación.

¡Adiós, señor, buen viaje!
¡Adiós, que lo pase bien!
¡Recuerdos a la familia!
¡Al llegar escríbame!
¡Mándeme *usté* la sombrilla!
¡No olvide «La Ilustración»!
¡Y no olvide que me llaman
la Niña de la Estación!

¿Acaso no es triste? La canción se burla de ella tildándola de cursi, y en el pueblo la llaman La Niña de la Estación. ¿Por qué? Claro está: porque es diferente. Tiene ganas de ampliar sus horizontes, anhelos de inmensidad. En este punto se descubre que ella lee porque tiene sueños. ¿Qué culpa tiene de no haber sabido encauzar sus inquietudes con otras lecturas? ¿No debería ser el pueblo, la sociedad, quien estuviese en entredicho por no haber sido capaz de dar más oportunidades a quien no ha querido conformarse con ser una más? La Niña de la Estación es una transgresora de las normas, pero la canción la condena al descrédito más absoluto, haciendo que sea cursi preocuparse por las vidas que nunca conocerá de los viajeros; es decir, interesándose por los demás, queriendo dialogar con ellos de tú a tú, y demostrando anhelos de cultura al pedir que le

envíen un ejemplar de la revista «La Ilustración». La canción continúa:

Volverán las oscuras golondrinas
en mi balcón sus nidos a colgar,
pero aquel ambulante de correos,
aquel no volverá...
Descarriló el tren expreso
una mañana de abril
y aquel descarrilamiento
hizo a Adelina feliz.
Ella vendóle la frente
y lo cuidó como a un niño,
y él, que era guapo y valiente,
juróle eterno cariño.
Y luego cuando a la noche
volvió a partir en el tren,
con voz de carne membrillo
así le dijo al doncel...

Adiós, amor, buen viaje.
Adiós, que lo pases bien.
Recuerdos a tu familia.
Al llegar escríbeme.
No te olvides del retrato,
mándame «La Ilustración»
y no olvides que te espera
la Niña de la Estación.

Nos reímos de La Niña de la Estación, pero
ella ha cuidado a un herido y este quizá no
ha sabido medir las palabras de agradeci-
miento, o acaso se ha comportado como un

hombre machista y patriarcal que no se pre-
ocupa de los sentimientos femeninos prome-
tiéndole un amor eterno que, por desgracia, sabemos que no durará mucho:

Mi carta que es feliz, pues va a buscaros,
cuenta os dará de la memoria mía.
Aquella mujer soy, que de esperaros,
se quedó en la estación helada y fría.

Pasaron meses y meses
y aquel galán no volvió
y Adelina se ha casado
con el jefe de estación.
Pero con tan mala suerte
que a los dos días del hecho
murió su pobre marido
de dos anginas de pecho.
Y la pobre medio loca
creyéndose en la estación
cuando ya se lo llevaban
así al fiambre cantó:

Adiós, amor, buen viaje.
Adiós, que lo pases bien.
Recuerdos a la familia.
Al llegar escríbeme.
No te olvides del retrato,
mándame «La Ilustración»
y no tardes amor mío
que hace frío en la estación.

Me he fatigado cantando esta canción que cualquiera diría que es inocente pero que esconde una burla de los buenos sentimientos y una clara alusión a la condena de la mujer a un destino que solo tiene una lectura positiva, la del matrimonio, y una negativa, la de convertirse en solterona. La Niña de la Estación es una amante vocacional que, cuando su amor la traiciona, debe casarse si no quiere quedarse para vestir santos y, al enviudar, se encuentra sin recursos para gestionar la realidad. Eso, y no otra cosa, es «La Niña de la Estación», la tragedia de la mujer que haga lo que haga, sueñe o no sueñe, ame o carezca de amor, está abocada al sufrimiento y la frustración. Digna canción para una sociedad indigna.

Rita Jaleo no llega y yo tendría que seguir, pero la verdad es que la canción me ha dejado un tanto fatigado. Los intelectuales no estamos acostumbrados a cantar, y empiezo a comprender que, si los cantantes echan mano de músicos, es entre otras cosas para que la voz no se fatigue tanto. A mí me encantaría mostrarles alguna otra de esas coplas horrendas, pero preferiría no tener que hacerlo solo, porque me canso. Se me ocurre que, si entre el público hay algún músico, podríamos utilizar estos instrumentos y darle un poco de ritmo al asunto. ¿Se apunta alguien?

(ANDRES *moviliza al público en una escena improvisada que depende de la respuesta que obtenga. En cualquier caso, los músicos de la compañía, convenientemente confundidos entre los espectadores, se ofrecerán voluntarios.*)

No sabéis cuánto os lo agradezco, porque así me siento más acompañado. Voy a aprovechar para insistir un poco en el tema que había comenzado: la reducción de los objetivos de la mujer al mundo del casamiento, su única meta, su mayor ilusión. Hay una copla que cantó Concha Piquer y que me resulta especialmente significativa porque no solo deja por completo de lado la posibilidad de que la mujer pueda tener deseos de promoción laboral o de sentirse realizada fuera del entorno familiar, sino que además debe sentirse culpable por no ser lo suficientemente hermosa y responder a las exigencias estéticas de una sociedad anclada en las imágenes de Romero de Torres.

A la lima y al limón

La vecinita de enfrente no, no,
no tiene los ojos grandes.
Ni tiene el talle de espiga, no, no,
ni son su labios de sangre.

Solo le faltaba al letrista decir algo así como «dientes de perla», «cabello negro azabache» o «manos de marfil». Los tópicos más trillados para definir la belleza que le falta y por la cual, como sigue la canción...

Nadie se acerca a su reja,
nadie llama en sus cristales.
Que solo el viento de noche
es quien le ronda la calle.

¿No podría ser ella la que se acercase a la reja
de un hombre, la que rondase a un varón para
hablarle, mostrarle su interés y hacerle pro-
posiciones? No, la copla prefiere que las mujeres carezcan de iniciativa y pongan su voluntad al servicio de los intereses masculinos.
Pero, con ser grave, lo peor no es eso; lo peor
es que se decide educar a los niños en conceptos tan bochornosos como que es lógico
burlarse de las mujeres feas y, por extensión,
de todas aquellas que no podrán cumplir su
destino y sus obligaciones como mujeres al no
llegar a casarse. Lo trágico, lo inhumano, es que
a todo el mundo le parezca normal que los niños canten así:

Y los niños cantan a la rueda, rueda,
esta triste copla que el viento le lleva.
A la Lima y al Limón,
tú no tienes quien te quiera.
A la Lima y al Limón,
te vas a quedar soltera.
Qué penita y que dolor.
Qué penita y que dolor.
La vecinita de enfrente soltera se quedó.
Solterita se quedó.
A la Lima y al Limón.

La vecinita de enfrente no, no,
nunca pierde la esperanza.
Y espera de noche y día, sí, sí,
aquel amor que no pasa.
Se han casado sus amigas,
se han casado sus hermanas.
Y ella compuesta y sin novio
se ha quedado en la ventana.
Y los niños cantan a la rueda, rueda,
el mismo estribillo que el viento le lleva.
A la Lima y al Limón,
tú no tienes quien te quiera.
A la Lima y al Limón,
te vas a quedar soltera.
Qué penita y que dolor.
Qué penita y que dolor.
La vecinita de enfrente soltera se quedó.
Solterita se quedó.
A la Lima y al Limón.

Dicen que Concha Piquer hasta aquí estuvo de acuerdo, pero solo hasta aquí. Ella era mucha hembra para quedarse para vestir santos y de ninguna manera iba a cantar una canción que la dejase compuesta y sin novio. Así que la canción continuó dándole la vuelta a la situación y permitiendo a la pobre vecinita de enfrente que se casase, aunque fuese a una edad tardía para lo que entonces se estilaba. Pero hay que preguntarse: ¿se casa porque está enamorada o por darle en los morros a los niñatos que se burlaban de ella y a las amigas que, acaso, la miraban con algo de pena, cuando no

directamente por encima del hombro? Porque
la actitud de la señora con su ahora marido parece que está estudiada de cara a la galería...

La vecinita de enfrente sí, sí,
a los treinta se ha casado,
con un señor de cincuenta, sí, sí,
que dicen que es magistrado.
Lo luce por los paseos,
lo luce por los teatros,
y va siempre por la calle
cogidita de su brazo.
Y con ironía siempre tararea,
el mismo estribillo de la rueda, rueda.
A la Lima y al Limón,
que ya tengo quien me quiera.
A la Lima y al Limón,
que no me quedé soltera.
Ya mi pena se acabó.
Ya mi pena se acabó,
que un hombre llamó a mi puerta y le di mi corazón,
y conmigo se casó.
A la Lima y al Limón.

Si a la España tradicional las mujeres solteras
le daban lástima, las malas mujeres le daban
asco. A veces son «Esa» y a veces «La otra».
Unas eran pequeñas prostitutas que no habían
tenido suerte en la vida y que, careciendo por
completo de amor propio y autoestima, con-
sideraban que no merecían una oportunidad
para dignificarse, dando así al traste con las

intenciones de los hombres buenos que pudiesen acercarse a ellas con ánimo redentor. Las otras eran justamente las otras, las queridas, que a lo mejor eran las que más querían, más incluso que las mujeres casadas como Dios manda y a quienes sus maridos engañaban con estas otras que nunca tendrían ni el valor ni tal vez las ganas de reivindicar sus derechos, ya que no sentimentales, al menos económicos y sociales. Ser «Esa» o ser «La otra» era, no hay que dudarlo, el castigo impuesto a las rebeldes, a las disconformes. Canciones así eran advertencias a quien quisiera oírlas: si no respetas el orden social y las normas establecidas, te quedarás en los márgenes y jamás saldrás de ahí.

A los músicos de la improvisada banda se les caen las partituras y, al ponerlas en su sitio, las mezclan, dando lugar al resultado siguiente:

Yo soy esa

Yo era luz del alba, espuma del río,
candelita de oro puesta en un altar;
Yo era muchas cosas que ya se han perdío
en los arenales de mi voluntad.
Y ahora soy lo mismo que un perro sin amo,
que ventea el sitio donde va a morir.
Si alguien me pregunta que como me llamo,
me encojo de hombros y contesto así:

Romance de la otra

¿Por qué se viste de negro,
¡ay, de negro!
si no se le ha muerto nadie?
¿Por qué está siempre encerrada,
¡ay, por qué!
como la que está en la cárcel?

¿Por qué no tiene familia,
ni perrito que le ladre,
ni flores que le diviertan,
ni risa que le acompañe?

Yo soy... esa...
Esa oscura clavellina
que va de esquina en esquina
volviendo atrás la cabeza.
Lo mismo me llaman Carmen,
que Lolilla que Pilar.
con lo que quieran llamarme
me tengo que conformar.

Yo soy la otra, la otra
y a nada tengo derecho,
porque no llevo un anillo,
con una fecha por dentro.
No tengo ley que me abone,
ni puerta donde llamar,
y me alimento a escondías
con tus besos y tu pan.

Soy la que no tiene nombre,
la que a nadie le interesa,
la perdición de los hombres,
la que miente cuando besa.

Te quiero siendo la otra
como la que más te quiera.

Ya lo sabe. Yo soy... esa...

(*Tras tamaño esfuerzo,* Andres *se ve obligado a inhalar repetidamente.*)

No tengo alergia hacia la copla. Me quita el aliento pero nada más. Ya he dicho antes que no quiero ser injusto y que se piense que mi rechazo hacia la copla es algo visceral y carente de lógica. No. Si estuviese aquí mi querida contrincante, de la que nadie me dice si va a llegar o no, podría alegar que no todo el género se fundamenta en el sometimiento de la mujer respecto del hombre. Lo admito. Es verdad que hay canciones donde el asunto es al revés y son las mujeres las que se niegan a entregarse a los hombres, juegan con ellos, los conducen adonde ellas quieren... Pero aun entonces la mujer goza mostrándose como un objeto de deseo que puede ser conquistado pero que ha decidido no dejarse conquistar, nunca como una persona que pueda entablar relaciones con el hombre de igual a igual. Todo es tan inmaduro... Lo peor es que, al presumir de ser algo que se mira y no se toca, no le importa convertirse

en una fantasía masturbatoria para reprimidos
y pajilleros que, antes del matrimonio, no po-
dían ni soñar en hacer con sus mujeres otra
cosa que no fuesen manitas, pero pocas, y si
acaso algún besito casto en la frente o la me-
jilla. Nada de relaciones prematrimoniales, y
para este juego de sí pero no, a alguna mente
calenturienta se le ocurrió echar mano, precisamente, de una canción infantil. Castración
mental desde los primeros años.

Al higuí, al higuí

Mi boca
es una fruta madura
que se mira y no se toca.
Mi pelo
es una sábana ardiente
que ante ti se vuelve hielo.
Tormento
es ser yo como una fuente
y dejarte a ti sediento.
Cariño, cariño,
¿por qué jugaré contigo
como sé hacer yo,
ay, como un niño?

¡Al higuí, al higuí!
Con la mano no,
con la boca sí.
¡Al higuí, al higuí!
Mira esa estrellita,
qué cerquita está,

qué lejos de ti.
¡Al higuí, al higuí!
Antes jugaste conmigo
pero prepárate amigo
porque ahora me toca a mí.
¡Al higuí, al higuí!
Con la mano no,
con la boca sí.
¡Al higuí, al higuí!

Chiquillo,
mis palabras son sentencias
y mi boca es un cuchillo.
Mi cuerpo
es un barco navegante
que no llega hasta tu puerto.
Sentrañas,
estarás cuatro mil años
pensando en las musarañas
Cariño, cariño,
¿por qué jugaré contigo
como sé hacer yo,
ay, como un niño?

¡Al higuí, al higuí!
Con la mano no,
con la boca sí.
¡Al higuí, al higuí!
Mira esa estrellita,
qué cerquita está,
qué lejos de ti.
¡Al higuí, al higuí!
Antes jugaste conmigo

pero prepárate amigo
porque ahora me toca a mí.
¡Al higuí, al higuí!
Con la mano no,
con la boca sí.
¡Al higuí, al higuí!
¡Al higuí, al higuí!
¡Al higuí, al higuí!

Con la mano no, con la boca sí. Hazme lo que
quieras, pero que no deje huella, podría haber
dicho la canción. En realidad, la copla es la re-
presentación perfecta de una sociedad pacata
en las formas y podrida en el fondo, un mundo que sabía muy bien la distancia del dicho
al hecho y que contaba con que el pecado de
pensamiento, como no se veía ni se notaba, por
no ser, no era ni pecado. Mientras el mundo
entero se entregaba al sexo sin restricciones del
rock and roll o a la turbia morbidez existen-
cialista de cualquier seguidora de Edith Piaf su-
surrando en un garito de París, en España el
machismo abrumador de la copla se mezcla-
ba como mucho con las picardías juguetonas
del cuplé. Lo más afrancesado que había aquí
eran esas cancioncillas que pasaron de moda
en los años treinta pero que a finales de los cincuenta rebrotaron y se expandieron como la
peste gracias al inexplicable éxito de una
cosa llamada «El último cuplé», una de esas
historias improbables de mujer mala que parece buena, o de buena que parece mala, pero
que en cualquier caso está destinada al fracaso

y hasta a la muerte por no haber sabido formar un matrimonio legal y bendecido por la sociedad y la llegada de los hijos. El peligrosísimo cuplé, con sus picardías y sus dobles sentidos para regocijo de burgueses, se tiñó de copla al comprender que ambos hacían referencia a mujeres perdidas, pero también cuando se descubrió que los dos eran capaces de adulterar la historia y hacernos creer que vivíamos en el país de Sissi Emperatriz. Si una dalia cuidaba Sevilla en el parque de los Montpensier, Madrid era un vergel donde unas veces te encontrabas con Larra y otras con Espronceda. El cuplé se acopló a la copla para ofrecer una falsedad de buen tono, una elegancia de guardarropía y una felicidad en technicolor para sueños de jovencitas tan cursis como la niña de la estación. Eso por no hablar de cierto juego de palabras solo al alcance de los muy entendidos... Vamos, tan entendidos que a mí me lo tuvieron que soplar porque no me di ni cuenta. A ver si ustedes lo descubren por sí mismos...

(ANDRES *se prepara para cantar «Doña Mariquita» como copla al estilo de Mikaela, no como cuplé a lo Raquel Meller.*)

Doña Mariquita

Cuando voy a los bailes
del duque de Osuna
con el miriñaque de rico muaré

oigo que murmuran, no existe ninguna
que tenga más breve, ni tan lindo pie.

Y si bajo al Prado, sobre el raso vivo
de mi carretela, que luce un blasón,
dicen los jinetes, que van a mi estribo,
doña Mariquita de mi corazón.

En el Madrid romántico
no se oye otra canción:
Mariquita, Mariquita,
doña Mariquita,
doña Mariquita de mi corazón.

Si al volver del Retiro
cuando acaba el día,
me encuentro con Larra,
le causo placer.
Y cuando visito la botillería
viejos y galanes me vienen a ver.
Espronceda me suele
decir madrigales
que expresan el fuego
de su admiración.
Y todos repiten, muy sentimentales,
Doña Mariquita de mi corazón.

En el Madrid romántico
no se oye otra canción:
Mariquita, Mariquita,
doña Mariquita,
doña Mariquita de mi corazón.

En el Madrid romántico
no se oye otra canción:
Mariquita, Mariquita,
doña Mariquita,
doña Mariquita de mi corazón.

Lo de «Mariquita, Mariquita» a mí me lo descubrió mi novia. Sí, mi novia, no mi mujer. Es
que yo estoy soltero. A lo mejor creían que ya
estaba casado, pero no, qué va. Ya se sabe que
ahora en España la gente se casa tarde, así que
yo aún estoy a tiempo. Pero no sé con quién.
Ahora no tengo novia. La novia que me dijo
lo de «Mariquita, Mariquita» ya no es mi novia. Me dejó. Lo dejamos los dos, de mutuo
acuerdo. ¿Se acuerdan de aquello de «Soltera...
pa toa mi vía»? Pues no quisiera yo llegar a tanto, pero casi. Y es que cuando se investiga tanto se tiene muy poco tiempo para andar en
otros tejemanejes, y mucho menos para consolidar relaciones. Los amores de las canciones son tanto más inverosímiles cuanto que
nunca hablan de qué pasa mientras cada uno
está en su trabajo. Todo es amor, amor, amor...
pero de amor solo no se vive. El caso es que
yo una vez tuve una novia, una chica también
inquieta, comprometida, moderna, como yo;
una intelectual de hoy lo mismo que yo. Y hasta le horrorizaba la copla tanto como a mí, pero
por alguna razón que ignoro no soportaba que
en mi afán por estudiar estas letras maliciosas
me emplease tan a fondo que a todas horas estuviese escuchando estas canciones. Es que yo

las tengo siempre puestas, en el coche, en el politono del móvil, en el ipod... Cuatro mil quinientas coplas tengo en el ipod, todas diferentes... y ninguna pirateada, que no quiero problemas. Lo que pasa es que mi novia no era tan fuerte como yo y un día me lo dijo muy claro: «O la copla o yo». Y me fui con la copla, porque para mí la memoria histórica es como un sacerdocio, una devoción, y solo los llamados por este arduo camino podremos desbrozar el camino para que las nuevas generaciones no tengan sobre sus espaldas el peso de esta ignominia llamada copla y puedan lanzarse sin trabas a un mundo musical igualitario y paritario. Mi novia ya no está, una pena, y ya no tengo quien me diga «Mariquita, Mariquita», como ella hizo justo nuestro último día, cuando le puse esta canción: «¿Pero no te das cuenta?», me gritó. «Mariquita, Mariquita... O la copla o yo». Y me di cuenta. «Mariquita, Mariquita», un mensaje en clave para millones que amaban a otros hombres y que, si por una parte no se les permitía expresarse libremente, no era menos cierto que por otra no hacían nada por reivindicar su manera diferente de amar. «¿Por qué no se lanzaban a la calle y montaban un desfile del orgullo?», pensé mientras mi novia se largaba. ¿Por qué no entendían que, cada vez que imitaban los desplantes de las folclóricas, le estaban haciendo el juego a un Estado que prefería mantenerlos confinados en un gueto de dobles vidas y amaneramiento? ¿Por qué no se levantaban y miraban cara a cara al opresor, exigiendo igualdad de derechos, reconocimientos y oportunidades? Qué gentes tan raras. El pensamiento fascista... si lo de «pensamiento» es excesivo dejémoslo en el fascismo, a secas... El fascismo ofrecía a mujeres y homosexuales el mito del macho dominante, el protector todopoderoso y desdeñoso ante el que abrirse de piernas y de mente. Hombres viriles, fibrados, musculosos y salvajes, imponiendo su voluntad a golpe de desprecios. El fascismo tatuaba en los más débiles el gusto sadomasoquista por su propia debilidad, el placer de sufrir, el goce de la desesperación, como si no hubiese mayor deseo que el anhelo de saberse sometido.

Dime que me quieres

Si tú me pidieras que fuera descalza,
pidiendo limosna descalza yo iría.
Si tú me pidieras que abriese mis venas
un río de sangre me salpicaría.
Si tú me pidieras que al fuego me echase,
igual que madera me consumiría.
Que yo soy tu esclava y tú el absoluto
señor de mi cuerpo, mi sangre y mi vida.
Y a cambio de eso,
que bien poco es,
oye lo que quiero
pedirte a mi vez:
Dime que me quieres,
dímelo por Dios.
Aunque no lo sientas,

aunque sea mentira,
pero dímelo.
Dímelo bajito,
te será más fácil decírmelo así.
Y el te quiero tuyo será *pa'* mis venas
lo mismo que lluvia de mayo y abril.
Ten misericordia de mi corazón.
Dime que me quieres.
Dime que me quieres,
dímelo por Dios.

Si no me mirasen tus ojos de almendra,
el pulso en las sienes se me pararía.
Si no me besaran tus labios de trigo,
la flor de mi boca se deshojaría.
Si no me abrazaran tus brazos morenos,
pa' siempre los míos, en cruz quedarían.
Y si me dijeras que ya no me quieres
no sé la locura que cometería.
Y es que únicamente
yo vivo por ti,
que me das la muerte
o me haces vivir.
Dime que me quieres,
dímelo por Dios.
Aunque no lo sientas,
aunque sea mentira,
pero dímelo.
Dímelo bajito,
te será más fácil decírmelo así.
Y el te quiero tuyo será *pa'* mis venas
lo mismo que lluvia de mayo y abril.
Ten misericordia de mi corazón.

Dime que me quieres.
Dime que me quieres,
dímelo por Dios.

Si estuviese aquí mi oponente en el debate, sé lo que diría, pero Rita Jaleo no ha venido aún y empiezo a pensar que ya no vendrá. Diría que «Dime que me quieres» es una canción bellísima que habla de la entrega total al otro. Supongo que, desde un punto de vista sentimental, no le faltaría razón. La copla quizá haya supuesto un escape afectivo para personas que no tenían otra manera de huir de la tristeza del entorno. Es posible. A mí me cuesta pensar que un amor de mentira sea preferible a una soledad sobrellevada con dignidad; ni creo que amar signifique someterse totalmente perdiendo aquello que te identifica, aquello que uno es. Desapareces en el otro y entre medias pones a Dios. «Dímelo por Dios». ¿Qué falta nos hace Dios en todo esto? ¿Por qué usamos su nombre tan en vano? La copla está llena de invocaciones a Dios. Todo se le pide, todo se le implora, todo se le agradece. La sociedad pone a Dios como excusa para todo, es la tapadera perfecta para cualquier desmán. «Quiéreme por Dios, dámelo por Dios, déjame por Dios...» Dios en todas partes y nuestra voluntad en ninguna. Dios es el mito del orden: el mundo es así porque Dios así lo quiere. No requiere más discusión. La vida no merece discutirse. La sociedad no merece ni puede discutirse. Hasta tal extremo todo está bien como está, que a veces los mensajes más efectivos son los más sutiles, los que parece que no están pero, por eso mismo, dejan entrever que la ideología lo ha impregnado todo tanto que ya no necesita hacerse evidente. ¿Qué es lo peor que se puede ser bajo el fascismo? Diferente. ¿Y qué es lo más diferente de todo? La mujer, desde luego, pero especialmente el que vive en los márgenes. ¿Y qué ha sido lo más marginal hasta no hace tanto? ¿El pobre, el ladrón, el invertido...? El gitano. Alguien pensará que el andalucismo visceral de la copla es proclive a gitanillas gallardas y guapas mozas. Pero ¿dónde dejamos entonces lo de «Gitana que tú serás como la falsa moneda, que de mano en mano va y ninguno se la queda»? Esa es la verdad de la copla: el desprecio al otro que nos sirve mientras nos divierte pero que, cuando pretende algo más de atención, debe ser castigado por su atrevimiento. Me pone tan malo que no puedo ni respirar. Estoy convencido de que para mi gentil contendiente que no ha comparecido, y para muchos otros, una canción que hable de claveles granas, de veredas que dan al río, de naranjos, luna lunera, flor de azahar y olivares verdes que se reflejan en la piel broncínea, es un ejemplo de regusto cañí que compendia todo lo mejor de la poesía popular...

Antonio Vargas Heredia

Con un clavel grana
sangrando en la boca.

49

Con una varita
de mimbre en la mano,
por una vereda
que lleva hasta el río
iba Antonio Vargas
Heredia, el gitano.
Entre los naranjos,
la luna lunera
ponía en su frente
su luz de azahar.
Y cuando apuntaban
las claras del día
llevaba reflejos
del verde olivar.
Del verde olivar.

Antonio Vargas Heredia,
flor de la raza calé...
Cayó el mimbre de tus manos
y de tu boca el clavel.
Y de tu boca el clavel.
De Puente Genil a Lucena,
de Loja a Benamejí.
De Puente Genil a Lucena,
de Loja a Benamejí,
las mocitas de Sierra Morena
se mueren de pena
llorando por ti.
Antonio Vargas Heredia,
se mueren de pena
llorando por ti.

¿Quién es Antonio Vargas Heredia, flor de la raza calé? ¿Un donjuán, un castigador? Es alguien que desde su primera aparición lleva el sabor de la sangre en la boca y el dolor de una vara en la mano. Es un hombre violento, un salvaje apuesto y lleno de atractivos, uno que ha pretendido ser más que los demás y que por eso va a ser castigado. Sin embargo se dirá que es bueno y honrado. ¿Seguro?

Era Antonio Vargas
Heredia, el gitano,
el más arrogante
y el mejor plantao.
Y por los contornos
de Sierra Morena
no lo hubo más bueno,
más guapo ni honrao.
Pero por culpita
de una hembra gitana,
su faca en el pecho
de un hombre se hundió.
Los celos malditos
nublaron sus ojos,
y preso en la trena
de rabia lloró.
De rabia lloró.
Antonio Vargas Heredia,
flor de la raza calé...
Cayó el mimbre de tus manos
y de tu boca el clavel.
Y de tu boca el clavel.
De Puente Genil a Lucena,

de Loja a Benamejí.
De Puente Genil a Lucena,
de Loja a Benamejí,
las mocitas de Sierra Morena
se mueren de pena
llorando por ti.
Antonio Vargas Heredia,
se mueren de pena
llorando por ti.

Antonio Vargas Heredia muere y una mujer, encima gitana, es la culpable. Las mocitas le lloran pero en el fondo se ha hecho justicia: quizá es verdad que ha querido ser bueno, pero a la postre la violencia le puede y le arrastra. Es el sino de su raza y de nuevo vemos cómo el destino de la mujer es sufrir o traer la desgracia... Quisiera amar la copla, pero no puedo. Hay demasiado espanto contenido en ella. Todo es angustia o, como dice otra de estas canciones, «todo es mentira, todo es quimera, todo es delirio de mi dolor». Quisiera amarla porque sé que para mucha gente ha sido fuente de felicidad, y que ellos no eran los culpables de estar experimentando una manipulación ideológica y sentimental a través de la música. No, los que amaban la copla no eran los culpables; ellos eran las víctimas. Por eso yo quisiera amar la copla como quisiera amarlos a ellos. Los intelectuales no solo debemos juzgar sino comprender. Enjuiciamos el pasado y ayudamos a que los demás lo entiendan. Tenemos el privilegio del conocimiento y la sabiduría, y nuestra misión es compartirlo con aquellos que no tienen los instrumentos suficientes para desentrañar su propio pasado. Por eso no puedo amar la copla aunque no desprecie a quienes la padecieron, y en eso me siento un poco como esa mujer que llora aunque le piden que ría y que no mira lo que más ganas tiene de mirar, y que además quiere a uno aunque luego tiene otro querer sin haber dejado de querer al anterior. Ese apetecer estar allí y aquí y saber que, haga lo que haga, algo va a salir mal, es lo que a veces me pasa cuando hago el esfuerzo de superar mi repugnancia y hablar de la copla.

Francisco Alegre

En los carteles han puesto un nombre
que no lo quiero mirar:
Francisco Alegre ¡y olé!
Francisco Alegre ¡y olá!
La gente dice «¡Vivan los hombres!»
cuando lo ven torear.
Yo estoy rezando por él
con la boquita cerrá.

Desde la arena
me dice «Niña morena,
¿por qué me lloras,
carita de emperadora?
Dame tu risa, mujer,
que soy torero andaluz

y llevo al cuello la cruz de Jesús
que me diste tú».

Francisco Alegre, corazón mío,
tiende tu capa sobre la arena del redondel.
Francisco Alegre tiene un vestido
con un «te quiero» que entre suspiros yo le
[bordé.
Torito bravo,
no me lo mires de esa manera.
Deja que adorne
tus rizos negros con su montera.
Torito noble, ten compasión,
que entre bordados
lleva encerrado
Francisco Alegre ¡y olé!
mi corazón.

En mi ventana tengo un letrero
pa' que lo venga a mirar
Francisco Alegre ¡y olé!
Francisco Alegre ¡y olá!
En el que dice «¡Cuánto te quiero
pero qué pena me da...!
Por culpa de otro querer
no nos podemos casar».
Desde la arena
me dice «¡Niña morena!
¿Quién te enamora,
carita de emperadora?
Ya no te acuerdas, mujer,
de este torero andaluz

que lleva al cuello la cruz de Jesús
que le diste tú».

Francisco Alegre, corazón mío,
tiende tu capa sobre la arena del redondel.
Francisco Alegre tiene un vestido
con un «te quiero» que entre suspiros yo le
[bordé.
Torito bravo,
no me lo mires de esa manera.
Deja que adorne
tus rizos negros con su montera.
Torito noble, ten compasión,
que entre bordados
lleva encerrado
Francisco Alegre ¡y olé!
mi corazón.

Ahora está claro que nadie va a venir y aunque lo hagan da igual, porque el tiempo previsto para el debate lo he ocupado yo solo y ya no pienso seguir, ni con el moderador, ni con Rita Jaleo ni con nadie. Ni siquiera con estos músicos aficionados que, por cierto, lo hacéis de maravilla, como si os gustase y todo. Me siento raro. Estoy triste y cansado. No sé si tenía que haber hecho esto. Quizá debíamos haber suspendido este acto cultural. No lo sé. Cantar estas canciones ha sido un sobreesfuerzo para mí. No estoy acostumbrado a hacerlo. Una cosa es estudiarlas como fenómenos de transmisión de ideología y alumbrar sus contradicciones, y otra muy distinta es interpretarlas ante un público. No niego que a veces, en mi casa, cuando estoy solo, las canto, pero simplemente para aprendérmelas, tenerlas en la memoria y dejar que con una tormenta de ideas se relacionen materiales y conceptos. Sin embargo nunca les había dado forma musical ante un público y no esperaba que me iba a fatigar tanto. Quizá no sea fatiga lo que a mí me está pasando. «Lo que a mí me está pasando no es mentira ni verdad». Eso es de «Me embrujaste». Pues si no fuese un intelectual tan riguroso me preguntaría si esto no es cosa de embrujo, porque me he cansado, sí, pero no estoy tan asqueado como creía. Incluso se me ha ido pasando el asma. ¿Cómo puede ser esto? Me canso y sin embargo respiro mejor que antes. Voy a inhalar un poco no sea un espejismo...

En realidad, yo me metí en esto de desentrañar los riesgos de la música popular porque al principio me gustaba. Sí, me gustaba la copla, mucho, pero de pequeño, eso sí. Me quedaba espiando a mi madre y mis tías mientras cosían juntas y canturreaban, y me encantaba ese mundo. No siempre eran coplas, claro; por una cuestión de edad también cantaban boleros, canciones italianas, alguna cosa venida de Hispanoamérica o música de guateque: twist, ye-yé... Pero mis favoritas eran las coplas, con sus historias recargadas de amores imposibles. En el colegio no había nadie que cantase coplas, ni siquiera que las tararease. Los chicos eran más de rock, heavy, etcétera, etcétera. Estaban mucho más avanzados que yo, ahora lo sé, pero entonces me parecían raros, muy raros, escuchando cosas que no se entendían y cantando en un inglés que no se parecía en nada al original. Pero a mí me gustaba la copla, pobre inocente. Hasta que no crecí y me dio por estudiar estas cosas no entendí que la copla era algo terrorífico, y que yo mismo me había dejado imbuir de sueños y quimeras que no conducían a nada. Yo era un producto tardío del horror fascista. El imperialismo castrador se había trasplantado en mí a deshora. ¡Qué asco, qué asco! Suerte que me lo pude quitar de encima. Si no hubiese estudiado y adquirido conciencia de clase, no sé qué habría sido de mí. Tiemblo solo de pensarlo. Pero estaba contando, así en confidencia, que me gustaba la copla. Y la que más era la más arrastrada de todas, la peor, la de la mujer más perdida del mundo que no deja de ser una loca aferrada al sexo casual con un cuentista barato en una noche de borrachera. Un verdadero adefesio de canción y de mensaje, pero ¿quién no ha hecho el ridículo pensando que tras el polvo de una noche se escondía el amor de tu vida?

Tatuaje

Él vino en un barco, de nombre extranjero
lo encontré en el puerto al anochecer,
cuando el blanco faro sobre los veleros
su beso de plata dejaba caer.

Era hermoso y rubio como la cerveza,
el pecho tatuado con un corazón,
en su voz amarga había la tristeza
doliente y cansada del acordeón.

Y ante dos copas de aguardiente
sobre el manchado mostrador
él fue contándome entre dientes
la vieja historia de su amor.

Mira mi pecho tatuado
con este nombre de mujer,
es el recuerdo del pasado
que nunca más ha de volver.

Ella me quiso y me ha olvidado,
en cambio yo no la olvidé
y para siempre voy marcado
con este nombre de mujer.

Él se fue una tarde, con rumbo ignorado,
en el mismo barco que lo trajo a mí
pero entre mis labios se dejó olvidado
un beso de amante que yo le pedí.

Errante lo busco por todos los puertos,
a los marineros pregunto por él,
y nadie me dice si está vivo o muerto
y sigo en mi duda buscándolo fiel.

Y voy sangrando lentamente
de mostrador en mostrador,

ante una copa de aguardiente
donde se ahoga mi dolor.

Mira tu nombre tatuado
en la caricia de mi piel,
a fuego lento lo he marcado
y para siempre iré con él.

Quizá ya tú me has olvidado
en cambio yo no te olvidé,
y hasta que no te haya encontrado
sin descansar te buscaré.

Escúchame marinero y dime:
¿qué sabes de él?
Era gallardo y altanero
y era más rubio que la miel.
Mira su nombre de extranjero
escrito aquí sobre mi piel,
si te lo encuentras marinero
dile que yo muero por él.

Ojalá nunca hubiese sabido que las coplas no
eran solo así, que eran otra cosa ideológica, política, peor. Mi amor por las coplas habría con-
tinuado y hoy no estaría ganándome la vida
dando conferencias contra ellas. A lo mejor sería, no sé, otro tipo de investigador: recopilando
cancioneros, coleccionando discografías...,
cosas así. Habría vivido engañado, eso sí, sin
saber que la copla es una de las aberraciones
mayores del pasado reciente, pero quizá no

siempre saberlo todo sea lo mejor. No sé. Confieso que tengo dudas y que vivo conmigo mismo en un duelo de amargos desconsuelos porque yo, en el fondo, soy un hombre raro. Es más, ni siquiera soy un hombre, sino un ser de otro tipo, algo diferente, especial, como seguro que todos ustedes también lo son.

Soy una feria

En un duelo de amargos desconsuelos
estamos empeñados, vida mía.
Tus armas son las dudas y los celos,
las mías la franqueza y la alegría.

Me estás constantemente avasallando,
no cantes, no te rías, ponte seria,
y siempre terminamos tarifando.
Pues yo, quieras o no...

Soy una feria, soy una feria.
Soy una feria, soy una feria.

Si sabes de verdad que yo te quiero,
alégrame la vida compañero,
y déjate de penas y miserias,
olvídate de negros sinsabores,
y viste tu bandera de colores.
Pues yo, quieras o no...

Soy una feria, soy una feria.
Soy una feria, soy una feria.

Si sabes de verdad que yo te quiero,
alégrame la vida compañero,
y déjate de penas y miserias,
olvídate de negros sinsabores,
y viste tu bandera de colores.
Pues yo, quieras o no…

Soy una feria, soy una feria.
Soy una feria, soy una feria.

Soy una feria, soy una feria, soy una feria.
Soy una feria, soy una feria, soy una feria.

PEDRO VÍLLORA

el beso en España

El beso en España se emitió en la temporada 2003-2004 en Canal Nou, Valencia, dentro del programa «Dame un beso», interpretado por Victoria Vera (VICTORITA), Manolo Codeso (MANOLO), Milagros Ponti (MILAGROS), Miguel Ángel Gallardo (ÁNGEL), Ignacio Gijón (ARENAL) y Paco Blázquez (PAQUITO).

Dirección: Antonio Corencia

Personajes

Victorita
Manolo
Milagros
Ángel
Arenal
Paquito

La acción transcurre en un antiguo café-cantante llamado «El beso en España». Los empleados –ÁNGEL, MANOLO y MILAGROS– se reúnen en el pequeño escenario esperando a la dueña, VICTORITA.

ÁNGEL   ¿Cuánto tiempo llevan?

MANOLO   ¿Quiénes?

MILAGROS ¿Quiénes van a ser? Pareces medio tonto. Victorita y el cenutrio ese medio calvo.

MANOLO   Sin ofender, que yo no he dicho nada de tus gorduras y las carnes que te sobran, que por cierto no son pocas.

MILAGROS Medio tonto es poco para ti, hijo mío: tonto entero. El medio calvo no eres tú, sino el señor ese del traje tipo lechuguino.

MANOLO   ¡Ah! ¿Decís el del banco que ya vino el otro día?

ÁNGEL   Sí, a ese me refiero. Cantera, creo que se llamaba.

MILAGROS   ¿No será Arenal?

ÁNGEL   Arenal, eso es. Arenal.

MANOLO   ¿Es que está otra vez aquí?

MILAGROS   ¿Pues no te lo están diciendo?

MANOLO   ¿Y a qué ha venido?

MILAGROS   ¿A qué va a ser, atontado? A cerrar.

MANOLO   Si aún no está abierto.

ÁNGEL   A cerrar para siempre, Manolo. A acabar con «El beso en España«. A eso ha venido el señor Arenal, aunque para esto mejor si se llamase Escombro.

MANOLO   ¿Y está con Victorita ahora?

ÁNGEL   Eso parece, pero a mí me da que ya lleva demasiado tiempo en su despacho. Y esto no me gusta. No me gusta. Vamos, que no me gusta nada.

MILAGROS   ¿Te enteras? Que no le gusta.

MANOLO   No, si ya. Si de eso sí que me he enterado.

(*Aparece* PAQUITO, *que viene de la calle.*)

PAQUITO   Buenas tardes a todos.

ÁNGEL   Paquito, llegas tarde.

PAQUITO   Lo siento. Es que se ha alargado la última clase y...

MILAGROS   ¿Y de qué ha sido esa clase?

PAQUITO   De esgrima.

MILAGROS   ¿Pero tú estás estudiando para artista o para espadachín?

PAQUITO   Yo estudio arte dramático, y la esgrima es una asignatura. Hay que estar preparado para cualquier contingencia.

MILAGROS   Ya no hacen teatro de espadachines.

MANOLO   Los espadachines mayormente salían en las películas. Pero ahora tampoco.

MILAGROS   Porque no creo que te den a ti la segunda parte de «El Zorro», bonito.

PAQUITO   Nunca se sabe, doña Milagros. Hay que tener fe.

ÁNGEL   Eso es lo que necesitamos ahora: mucha fe.

MANOLO   La fe mueve montañas.

MILAGROS   ¡Ay!

PAQUITO   ¿Pero qué pasa?

ÁNGEL   ¿Que qué pasa? Que nos cierran el local. Eso es lo que pasa.

PAQUITO   ¿Que nos cierran «El beso en España»? Pero eso es imposible. Si «El beso en España» es historia. Es un clásico de la Transición. Que hay que ver cómo se ponía esto, que a mí me lo han contado.

MILAGROS   Están los bancos por medio.

MANOLO   Y si es así, ya sabes...

MILAGROS   Victorita, que debe de llevar como cosa de una hora reunida con un fulano de un banco.

MANOLO   Una hora sin parar.

MILAGROS   Estos asuntos no se hacen en cinco segundos.

ÁNGEL   No me gusta. O estoy en la higuera o puede que esta noche nos quedemos todos en la calle.

MILAGROS   Tantos años trabajando aquí en «El beso en España», perdiendo mi juventud y mi belleza entre estas cuatro paredes... ¡y ahora esto! No puede ser verdad. ¡No puede ser verdad!

MANOLO   Milagros, mujer...

MILAGROS (*Llorando, se echa en sus brazos.*) ¡Ay, Manolo! Que estoy muy triste. Que esto no lo puedo soportar.

PAQUITO Doña Milagros, ¿quiere que le prepare una tisana?

MILAGROS ¿Una tisana? ¿Es eso otra asignatura?

MANOLO Milagritos, no llores. Vamos, que tú no eres de las que se hunden... salvo que estés en medio del mar, porque entonces te vas derechita al fondo.

MILAGROS Serás desgraciado...; que no me dejes tranquila ni en una situación como esta.

MANOLO Que no, chiquilla... Si es que no me gusta verte llorar, que te pones muy fea.

MILAGROS Ay, Manolo. ¡Que no te des cuenta de lo que está pasando y de lo que todavía puede pasar, que es peor aún...!

MANOLO ¿Cómo no me voy a dar cuenta, mujer? Claro que me la doy, y mucho, pero lo que a mí más me duele es que tú sufras. Porque si tú sufres, entonces yo... entonces yo... (*Llora.*)

ÁNGEL ¡Valiente espectáculo! ¿Pero no os da vergüenza estar comportándoos como un par de chiquilicuatres? ¡Vamos, por Dios, a vuestra edad!

MANOLO   ¿A qué edad? ¿A qué edad?

ÁNGEL   A la vuestra, que por suerte no es la mía.

MANOLO   Pues tampoco es que seas un nene

MILAGROS   No discutáis, que este no es momento para pelearos. ¿No comprendéis que a este muchacho que está empezando en el teatro le dais muy mal un ejemplo? ¡Un estudiante de esgrima! ¡Y de tisanas!

PAQUITO   No se preocupe, doña Milagros, que todas estas cosas están muy bien para incorporarlas al personaje y quedar genial.

MANOLO   ¿Has oído, Ángel? Ahora resulta que para ser cómico hay que tener un diploma.

ÁNGEL   Pues no me parece mal, Manolo. A esta profesión siempre le ha faltado preparación.

MANOLO   Eso lo dirás tú.

ÁNGEL   Eso lo digo yo y lo mantengo yo.

MILAGROS   ¿Pero vais a discutir otra vez? ¿No veis que en estos instantes se está jugando nuestro futuro?

ÁNGEL   Por fin. Eso es justamente lo que os estoy intentando decir y no me dejáis.

MANOLO　No es que no te dejemos decirlo, Angelillo, ni que no nos demos cuenta. Es que no quiero ni pensar en ello. El día que desaparezca «El beso en España», no sé qué vamos a hacer la Milagros y yo. Esta es toda nuestra vida.

ÁNGEL　Claro, es que vosotros lleváis mucho tiempo trabajando aquí.

MILAGROS　Mucho, y haciendo de todo, no te creas. Aquí donde nos ves, Manolo y yo llevamos más de cincuenta años de profesión, y la mejor parte empezó aquí. ¿Te acuerdas, cariño?

MANOLO　¿No me voy a acordar? Menudos tiempos cuando cada noche estaban las mesas llenas y en la puerta se agolpaba la gente queriendo entrar; y muchos no lo conseguían y lo intentaban al día siguiente. Y es que aquí siempre actuaban los más grandes artistas, los mejores, pero los que de verdad nos llevábamos el gato al agua y hacíamos reír éramos nosotros dos.

ÁNGEL　Hombre, ya será menos.

MILAGROS　¿Qué dices? Es verdad. Lo que pasa es que tú no nos has visto cuando éramos más jóvenes, pero no sabes los números que montábamos.

MANOLO　Casi todos de humor.

MILAGROS   Eso sí, porque aquí donde lo ves, mi Manolo siempre ha sabido llevarse a la gente de calle de pura guasa.

ÁNGEL   Pues qué lástima no haberos visto en aquella época.

MILAGROS   Pero nos puedes ver en esta. Échate a un lado. Paquito, apréndete esta asignatura. Manolito, ven, que esta gente no nos entiende.

MANOLO   Vengo.

MILAGROS   ¿«Canastos»?

MANOLO   «Canastos».

(MILAGROS y MANOLO *cogen de un perchero que habrá en un lateral del escenario un mantón y un sombrero, y cantan «Canastos», canción de Palasco con letra de Lecorde y Locatelli adaptada por Arozamena.*)

-Señorita, hace mucho que la espero
soportando el aguacero por decirle que la quiero
aunque usted no lo permita.
-¡Canastos!
-¿Qué me responde usted?...

(*Al terminar,* ÁNGEL *les aplaude.*)

ÁNGEL   ¡Qué maravilla!

PAQUITO   Estupendo, estupendo. Ay, doña Milagros, yo la he encontrado a usted muy Stanislavski. En cambio a don Manuel lo veo más brechtiano.

MANOLO   No sé lo que estás diciendo, pero ¿a que te ha gustado?

PAQUITO   ¿Gustarme? Me ha encantado.

ÁNGEL   No sabía yo que teníais tan buenas dotes. ¿Cómo os lo teníais tan calladito?

MILAGROS   Es que tú llevas muy poco tiempo aquí. Pero hasta hace cosa de cuatro o cinco años no había noche en que mi Manolo y yo dejásemos de echar un cantecito...

MANOLO   O un baile.

MILAGROS   Eso es: o un baile, porque no te creas que yo he sido siempre como me ves ahora; que una también ha tenido su aquel y su momento.

MANOLO   ¿Qué dices momento? Monumento es lo que tú has sido para mí y para cualquiera.

PAQUITO   Doña Milagros, usted me recuerda a Jane Wyman antes de ser Angela Channing.

MANOLO   ¿Y yo no te recuerdo a Robert Redford?

PAQUITO   Hombre, así al pronto...

ÁNGEL   ¿Y cómo es que habéis dejado de actuar?

MILAGROS   Cosas que pasan… La edad; las ganas, que tam-
           bién se pierden… Porque no te creas que se
           puede estar toda la vida de juerga, que al final
           hasta el caviar satura; no te digo más.

MANOLO   Es que, donde se ponga una buena paella con
           su marisquito, que se quite todo lo demás. Y
           si la hace mi Milagritos, ya ni te cuento, que
           los dedos se me hacen chupetes.

ÁNGEL   Da gusto ver lo bien que os lo pasáis los dos
           y lo compenetrados que estáis.

PAQUITO   Y enriqueciéndose mutuamente cada uno con
           el arte del otro y en perfecta simbiosis de lo
           que es el drama representado y la vida que nos
           rodea.

MANOLO   ¿Seguro? Pues yo ni siquiera me había dado
           cuenta…

MILAGROS   Es que antes, para ser cómico bastaba con ser-
           lo. Los de ahora son más… prosódicos.

PAQUITO   El saber no ocupa lugar.

MILAGROS   A mí ya me encuentras de vuelta.

ÁNGEL   Insisto que da gusto veros tan emparejados.

MANOLO   ¡Qué va, hijo! ¡Qué va! Lo que pasa es que no hay dolor al que no termines acostumbrándote, y aquí la señora y yo hemos terminado por amoldarnos el uno al otro; pero no te creas que no nos ha costado.

MILAGROS   Y lo que sigue costando.

MANOLO   ¿Y a ti? ¿No te ha dado nunca por el cante o el baile?

ÁNGEL   Hombre, yo, más que nada, soy camarero.

MILAGROS   Tú tranquilo, que hay cosas peores.

ÁNGEL   La verdad es que un tiempo fui boy en un cabaret que se llamaba Pasapoga.

PAQUITO   A mí me interesa mucho el cabaret berlinés.

MILAGROS   Eso será otra asignatura.

MANOLO   Yo empecé de boy con Celia Gámez. Es que entonces todos los españoles éramos bajitos.

MILAGROS   Pues yo empecé cantando copla con arreglos ye-ye.

PAQUITO   Pues ahora en Portugal se canta el fado con efecto distanciador.

MILAGROS   Pues en Grecia se canta el sirtaki con efecto acelerado. ¡No te fastidia!

ÁNGEL   En el cabaret alguna vez me dejaron darle al tango.

MANOLO   Pues no se te nota nada el acento.

ÁNGEL   No, si yo soy de Albacete, pero al cantar lo disimulo y lo llevo todo por lo malevo arrastrao.

MILAGROS   Eso suena muy complicado. A ver un ejemplo práctico, que, si no, el Manolo no se entera.

MANOLO   Uno, que ha nacido bruto; ya ves tú.

ÁNGEL   Quite, quite, que con lo que está pasando no estoy yo para hacer reír a nadie.

PAQUITO   Vamos, don Ángel, que no hay arte pequeño.

MANOLO   ¿Arte pequeño? ¿Habráse visto?

MILAGROS   Tú cántate algo y que te acompañe Paquito, que parece que tiene aptitudes para la danza o similar.

ÁNGEL   Si no hay más remedio...

MILAGROS   Sin dilaciones. Que empiece el baile.

             (ÁNGEL *canta «Dandy», de Irusta, Fugazot y Demare, y* PAQUITO *le acompaña bailando en algún momento con él.*

Dandy,
ahora te llaman
los que no te conocieron
cuando entonces
eras terrán,
porque pasás por niño bien
y ahora te creen que sos un gran bacán...

(*Mientras, aparecen* VICTORITA *y el señor* ARE-
NAL, *procurando no hacer ruido ni interrumpir
la canción. Cuando* ÁNGEL *termina de cantar,* VIC-
TORITA *le aplaude.*)

VICTORITA   ¡Bravo!

ÁNGEL   (*Sorprendido.*) ¡Victorita!

VICTORITA   No sabía que cantabas tan bien. ¿Cómo no me
habías dicho?

ÁNGEL   Yo...

MILAGROS   ¿A que el chico vale?

MANOLO   Y tú también, Paquito.

ÁNGEL   Que no, que no... Que solo soy un aficionado.

VICTORITA   Tú haz caso a Milagros, que es la que sabe de
esto. Si ella dice que vales, es que vales.

ÁNGEL   Lo que no quisiera es haberles interrumpido. Seguro que les hemos estado molestando mientras ustedes tenían su reunión.

VICTORITA   No habéis molestado para nada, todo lo contrario. El señor Arenal y yo ya habíamos terminado.

ARENAL   Cierto. De hecho, la señora Gallardo…

VICTORITA   Victorita. Todo el mundo me llama Victorita. Insisto.

ARENAL   Victorita me estaba acompañando ya a la salida. Y permítame decirle que también me ha gustado mucho su manera de cantar. ¿Trabaja aquí?

ÁNGEL   Por el momento.

VICTORITA   ¿Por el momento? ¿Cómo es eso? ¿Ya estás pensando en dejarnos?

ÁNGEL   No porque yo quiera, desde luego.

VICTORITA   Me alegro. Me habría disgustado saber que tenías algún motivo para quejarte.

ÁNGEL   Sin embargo…

VICTORITA   ¿Sí?

ARENAL   Seguramente tendrán que hablar de sus cosas
           y no quisiera robarles más tiempo. Con su per-
           miso…

           (Hace ademán de retirarse.)
ÁNGEL   No, no se vaya. Disculpe mi atrevimiento. De
           hecho, estoy un poco nervioso por su causa.

ARENAL   ¿Por mí?

ÁNGEL   Verá, yo solo quiero que sepa que «El beso en
           España« es un buen local y que sería una lás-
           tima que se cerrase.

PAQUITO   Sobre todo devorado por los bancos.

MILAGROS   Disculpe usted al chaval, pero es que está
           aprendiendo arte dramático.

VICTORITA ¿Quién ha hablado de cerrar nada?

MILAGROS   Es lo que comenta todo el mundo. Se supone
           que es eso lo que estabais discutiendo en vues-
           tra reunión.

VICTORITA ¿Pero de dónde habéis sacado una idea tan ab-
           surda? Jamás se me ha pasado por la cabeza ce-
           rrar el local. ¿Por qué habría de hacerlo?

MILAGROS   Nosotros creíamos que ibas a venderlo al ban-
           co de este señor.

VICTORITA ¿De verdad piensas eso, Milagros? ¿Y vosotros también? ¿En serio? ¿Creíais que sería capaz de negociar algo semejante sin advertíroslo por lo menos? ¿Pero qué clase de persona creéis que soy?

ARENAL Me parece que ahora sí debería marcharme.

MANOLO Perdónalos, Victorita. Eso ha sido cosa de estos dos, que están en la higuera. Oyen repicar campanas, y no saben dónde.

VICTORITA Pues estáis todos muy equivocados. ¡Y yo que quería daros una sorpresa! Supongo que todo esto se arreglará en cuanto os presente al señor Arenal que, por cierto, no trabaja en ningún banco.

ÁNGEL ¿Ah, no?

ARENAL No, siento decepcionarles, pero me dedico a negocios menos lucrativos.

VICTORITA El señor Arenal… bueno, Sergio…trabaja en televisión.

ARENAL Ya ven; soy gente de mal vivir.

MILAGROS Quién lo diría, con esa pinta tan seria como de inspector de Hacienda.

VICTORITA Pues así es. Y no está aquí para comprar el negocio.

ARENAL   No, la verdad es que no sabría qué hacer con él. Mi intención es muy diferente.

VICTORITA   En lugar de comprarlo, se trata de alquilarlo.

ARENAL   Sí, podría decirse así. Y en cualquier caso sería temporalmente, claro está.

VICTORITA   Temporalmente.

MANOLO   No me estoy enterando de nada.

ÁNGEL   Ni yo.

PAQUITO   Pues está clarísimo.

MILAGROS   ¿Veis cómo para ser cómico hay que tener preparación?

ARENAL   Es muy fácil. Estábamos buscando un local de estas características, con su escenario, para grabar un programa. Podíamos haber construido unos decorados en estudio, pero preferíamos un lugar natural, que respirase verdad y autenticidad. Creemos que «El beso en España» es el sitio ideal, y Victorita ha tenido la amabilidad de cedérnoslo.

MILAGROS   ¡Vamos a salir en la tele! Siempre quise ser famosa.

ÁNGEL   Porque nosotros iremos incluidos en el contrato, ¿verdad?

PAQUITO   Podríamos hacer una serie que reflejara la problemática de los jóvenes actores que...

MILAGROS   Aquí la única problemática es que sois muchos y hay poca producción.

MANOLO   Y Victorita. Ella tiene que ser la primera bailarina, la estrella.

ARENAL   En realidad, no se trata de un programa estrictamente musical, aunque como es natural hay un tiempo reservado para actuaciones. Sin embargo, la contratación de artistas no depende de mí.

MANOLO   Eso lo dice porque aún no la ha visto. No sabe lo buena que es. Y nosotros, no digamos...

VICTORITA   Dejad en paz al pobre Sergio, que lo vais a agobiar.

PAQUITO   O podría protagonizar una de estas...

VICTORITA   Ay, Paquito... Ay, Paquito...

MILAGROS   Anda, Victorita. Demuéstrale lo que vales. Es más, sácalo a bailar, que le vas a dar una alegría.

VICTORITA   ¡Ay, sois imposibles!

(VICTORITA y ARENAL *bailan «The Continental», de Magidson y Conrad.*)

MILAGROS   ¡Señor Arenal! ¡Menuda sorpresa y qué bien baila usted!

VICTORITA   Sergio, tú has sido artista. No me mientas.

ARENAL   Ojalá hubiese sido artista, pero no pudo ser. Yo llegué a la televisión porque quería actuar y ser famoso, pero no tuve suerte y al menos conseguí meterme a trabajar en estas cosas de producción. Pero la verdad es que os envidio mucho a los que tenéis la buena fortuna de dedicaros a lo que os gusta.

VICTORITA   ¿Y por qué no lo haces? ¿Quién te lo impide? Tienes todos los contactos necesarios y no te costaría nada conseguir un papel en alguna serie o quizá hasta podrías ser presentador.

ARENAL   Las cosas no son tan fáciles...

VICTORITA   ¿Has escuchado, Paquito?

ARENAL   ...Y ahora no sé si me atrevería a dar un paso como ese.

ÁNGEL   Yo le entiendo muy bien. Por eso yo sigo de camarero en lugar de vestirme con sombrero y chalina, calzarme botines y recorrer mi «Caminito».

VICTORITA   Pues yo no estoy de acuerdo. Creo que es mejor fracasar feliz contigo mismo que arrastrarse por la vida pensando en lo que pudo haber sido y no fue. Así que te lo digo muy claramente, Sergio: o te lanzas de cabeza al escenario o ya te estás buscando otro local para tu programa.

MANOLO   ¿Quién no ha pensado en dejarlo alguna vez? Pero cuando viene el éxito... eso no se puede aguantar.

MILAGROS   Eso es.

PAQUITO   Y la labor social tan importante que se realiza...

VICTORITA   Paquito, cómo estás hoy...

ÁNGEL   Yo me conformo con un sueldito.

VICTORITA   Tú, Angelito, sí es verdad que te has quedado sin trabajo porque desde ahora mismo dejas de poner copas en «El beso en España». Así que ya me estás pidiendo que te contrate de cantor gauchesco o das media vuelta y te salís a la rúa.

MANOLO   Te lo pido yo en su nombre, que lo mismo él no se atreve todavía por la falta de costumbre.

MILAGROS   Os pongáis como os pongáis, el espectáculo es el espectáculo y el que lo lleva dentro no lo puede abandonar nunca.

TODOS   Olé.

VICTORITA   Pero también es cierto que hoy solo interesan los que salen en televisión aireando sus trapos sucios, y a los artistas no nos hacen nada de caso cuando tenemos que contar algo relacionado con nuestro trabajo. La verdad es que dan ganas de irse.

MILAGROS   No. Tú eres de esto y no lo abandonarás nunca.

VICTORITA   No estés tan segura, Milagros. No creas que no he pensado en vender este local. ¿Qué hago, Milagros? ¿Me voy o no me voy?

(MILAGROS *comienza a canturrear «Me voy o no me voy», de Arturo Rigel, Jesús María de Arozamena y Francis López, y enseguida* VICTORITA *sube al escenario y canta la canción acompañada por todos.*)

¿Me voy o no me voy?
Por ser la que yo soy
mi corazón se queda si me voy
y al que quiera se lo doy.
¿Me voy o no me voy?...

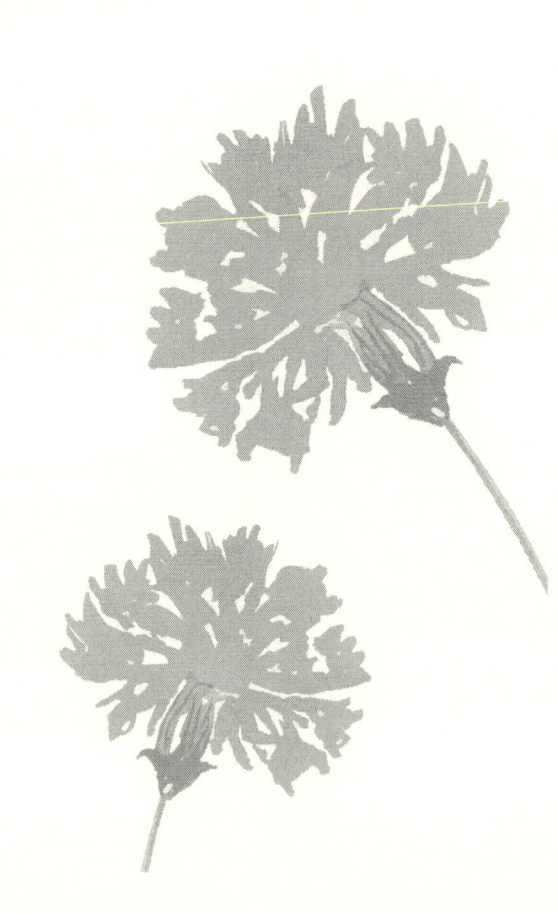

PEDRO VÍLLORA

sofisticadas

VdB

Sofisticadas se emitió en la temporada 2004-2005 en Canal Nou, Valencia, dentro del programa «A mi vera», y protagonizada por Victoria Vera.

Dirección: Antonio Corencia.

Personajes

Victoria
Tino
Marga
Julio

La acción transcurre en un salón de belleza. Victoria, *una mujer de gran atractivo, está siendo
atendida por* Tino, *un esteticista muy afeminado. A su lado,* Marga *está al cuidado de* Julio,
no menos afeminado que Tino.

TINO   Bueno, tú dirás.

VICTORIA   No sé. No tengo ni idea.

TINO   Ah, no, bonita. Nada de dejarme a mí toda la
             responsabilidad, que luego, si no te gusta, di-
             rás que la culpa es mía. Así que dime lo que
             quieres que te haga; y dímelo pronto, si no
             quieres que nos pasemos aquí todo el día.

VICTORIA   Te estás poniendo un poquito borde, Tino.

TINO   Pues esto no es nada, preciosa. Aún no he he-
             cho más que empezar.

VICTORIA   Ay, no sé. Es que no me decido. Hazme cual-
             quier cosa y ya te diré si me gusta o no.

TINO   Cariño, el peinado es una de las decisiones más
             importantes en la vida de la mujer moderna.

Puedes salir a la calle sin saber nada del índice Nikkei o del Dow Jones, porque nadie te lo va a preguntar, pero no puedes salir sin ser consciente de tu propia imagen. Tu pelo habla por ti, y tú debes controlar lo que tu pelo diga de ti misma.

VICTORIA   Pero no sé qué imagen quiero dar.

TINO   Solo quieres ser tú, ¿verdad?

VICTORIA   Sí, eso es. No quiero una imagen. Quiero ser yo misma.

TINO   Muy bien. ¿Y qué clase de tú misma eres hoy?

VICTORIA   No sé qué quieres decir.

TINO   Mi amor, te conozco hace tantos años que no los diré para no avergonzarnos ni a ti ni sobre todo a mí, especialmente cuando hay espías delante. (*Por* MARGA *y* JULIO.) Pero sí sé que son los suficientes como para empezar a saber algo de ti. Tú nunca eres indecisa, Victoria; solo lo eres cuando quieres serlo o cuando tienes miedo a algo o a alguien.

VICTORIA   ¿De qué voy a tener miedo?

TINO   ¿De qué va a tener miedo una mujer moderna y sofisticada como tú? ¡De los hombres, por supuesto! Está claro que tú solo tienes tantas dudas contigo misma si hay un hombre de

por medio. Dime quién es él y yo sabré cómo
ayudarte.

VICTORIA   No hay ningún él…

TINO   Vale, quizá no lo haya todavía, pero sin duda
lo habrá. No será por falta de ganas tuyas.

VICTORIA   ¿Te parezco tan desesperada como para hablar
de ganas, deseos, ansias…?

TINO   No exageres. Yo no he dicho tanto, pero sí creo
que te apetece un poquito de alegría para el
cuerpo, y que ya le has echado la vista a algún
posible candidato. Así que insisto: ¿quién es él?

VICTORIA   Alguien inteligente.

TINO   ¡Dios mío! ¡No puede ser tan feo!

VICTORIA   No es feo.

TINO   No mucho, querrás decir.

VICTORIA   ¿No dices que no sabes quién es?

TINO   Me basta con lo que has dicho. Inteligente.
¿Qué mujer comenzaría definiendo a su hombre como inteligente si este no fuese un au-
téntico adefesio? Tenías que haber dicho algo
así como alto, guapo, ojos azules, cuerpo de
gimnasio, definido pero no excesivamente mus-
culado, pecho depilado o cubierto de vello

moreno y rizado, culito duro, mandíbula cuadrada… Pero el tuyo no, cariño; el tuyo es… ¡inteligente! ¡Qué poca suerte tienes con los hombres, cielo!

VICTORIA   Y tú te estás pasando de superficial.

TINO   Todo lo contrario. Si me sorprende lo de inteligente es porque la inteligencia ya la doy por supuesta. Ni tú ni yo vamos a preocuparnos por nadie que no esté a nuestra altura. Entiendo que una no se desespera…

VICTORIA   ¡Que no estoy desesperada!

TINO   …Que una no se desespera por un tío que solo le interesa para llevárselo a la cama. Nadie pretende que tengas una conversación ingeniosa con alguien de quien solo importa si se lo sabe hacer bien o no. Esos son intercambiables, te da lo mismo uno que otro, son de usar y tirar. Pero con los hombres de verdad no pasa eso, porque los hombres de verdad son diferentes, son inteligentes, y son los únicos con los que una querría involucrarse lo suficiente como para mantener cierto tipo de relación. Por eso, y porque sé que tú eres como yo, sé que tu hombre es inteligente, y sé también que, desgraciadamente, tiene que ser feo.

VICTORIA   No puedo creer lo que he oído.

TINO   Te ha gustado el discursito, ¿verdad? Pues si quieres te lo canto.

(TINO *canta «Un hombre de verdad», de Carlos Berlanga y Nacho Canut.*)

Sin dudar
iré a buscar
quiero encontrar, sí
un hombre de verdad.
Me arrastaré
suplicaré, sí
un hombre de verdad...

MARGA   Perdonad que me meta donde nadie me ha llamado, pero creo que sé algo del tipo de hombre del que estáis hablando.

VICTORIA No estamos hablando de ningún hombre.

TINO   Claro que sí, cariño: del tuyo.

VICTORIA Marga, te agradezco el interés, pero no estoy saliendo con nadie.

MARGA   Claro que no, querida, ya lo supongo; porque, si no, me lo habrías contado, ¿no es así?

VICTORIA Naturalmente.

JULIO   Marga, cielo, no te muevas tanto.

MARGA   Perdona, Julio.

TINO   No lo entiendo. No os entiendo a las mujeres.
             En serio. ¿Cómo dices que sabes de qué
             hombre hablamos pero luego aseguras que es-
             tás segura de que Victoria no sale con nadie?
             ¿Cómo se come eso?

MARGA   Sencillo, Tino. Victoria no sale con nadie pero
             querría salir con alguien. Querría, ¿entiendes?
             Y yo sé con quién querría salir.

JULIO   Marga, en serio, si no dejas la cabeza quieta un
             momento yo no puedo hacer nada. Aunque no
             lo parezca, yo no sé hacer milagros, ¿sabes?

TINO   ¡Ay, qué antipático! Tú no le hagas caso a esta
             histérica y cuéntame, que necesito saber.

MARGA   Lo que le pasa a Victoria…

VICTORIA   No sé si os habéis fijado, pero estoy delante.

JULIO   Eso, ya que no tenéis respeto hacia los que es-
             tamos trabajando, por lo menos tened la edu-
             cación de no criticarla en su cara.

TINO   No estamos criticando a nadie.

JULIO   Sí, a ella.

TINO   Esto es una simple información profesional,
             ¿no es así, Marga?

MARGA   Tino, tú me comprendes. Me parece que el próximo día dejo a este y me paso contigo.

TINO   Como que no sabes lo que te estás perdiendo.

JULIO   Ni lo que voy a salir ganando yo.

MARGA   Pues te sigo contando. Está claro que lo que le pasa a Victoria es que quiere gustar, pero no a nadie concreto, sino a cualquiera que ella crea que, en principio, merezca la pena. Y, lógicamente, eso significa querer gustarle a muchos hombres muy distintos a la vez, lo cual es un problema.

TINO   Un problema enorme. Victoria, cariño, no puedes pretender seducir a media humanidad. Tienes que centrarte.

JULIO   ¿Por qué elegir a este o a aquel pudiéndose quedar con los dos?

TINO   Porque no es una golfa como tú o como yo. Las que son señoras de la cabeza a los pies no se abren de piernas a cualquiera.

VICTORIA   Es la última vez que me pongo en manos de unos cerdos.

MARGA   ¿Qué te parece, Victoria? En el fondo son unos hombres como todos los demás, igual de guarros.

TINO   Vamos, vamos, que no hay dolor que no se acabe ni lágrimas que no se sequen.

JULIO   ¿Refranes? ¡Qué antigua!

VICTORIA   Me gustaría que dejaseis de especular con mi vida sentimental. Vamos, si no es mucho pedir.

TINO   Sobre todo teniendo en cuenta que, al parecer, esa vida sentimental no existe.

JULIO   ¡Qué mala!

TINO   Maldad, ninguna. Quiero decir que, para mí, debería ser como si no existiese.

MARGA   Esa es una forma como cualquier otra de querer arreglarlo, y quizá no sea la mejor.

TINO   Estoy dispuesto a aprender otra si me enseñas.

VICTORIA   ¿Si te enseña qué?

TINO   ¡Ah, tú también puedes ser mala!

VICTORIA   Hablemos todos en serio por un momento. No, mejor hablemos todas. Al fin y al cabo, este salón de belleza cuesta tan caro como la consulta de un psicólogo y así al menos amortizamos el precio. ¿Queréis saber mi problema?

MARGA   Yo, sí.

JULIO   Y yo.

TINO   Todas queremos.

VICTORIA   Pues os lo diré. Punto uno: es verdad que no estoy saliendo con nadie.

MARGA   Ya lo decía yo.

JULIO   Pues es una lástima.

VICTORIA   Punto dos: tampoco hay nadie concreto con quien querría salir.

TINO   Inténtalo conmigo.

JULIO   Se refiere a un hombre, bonita.

MARGA   ¡Qué malas somos todas!

VICTORIA   Punto dos… No, ese ya lo he dicho. Punto tres: quisiera que hubiese alguien con quien salir; alguien inteligente, que me gustase y que, de ser posible, se volviese loco por mí.

TINO   ¿Eso es todo?

VICTORIA   ¿Acaso es mucho pedir?

TINO   Sí, lo es.

MARGA   Es demasiado.

JULIO   No, no lo es. No es más de lo que pediríamos cualquiera de nosotras. Un hombre que nos ame, que nos desee, que nos proteja, que nos haga sentir importantes, únicas, que nos saque del arroyo, que nos lleve al altar, que nos haga estremecer, que se aproveche de nosotras, que nos haga daño y no le importe, que se marche con otras y vuelva siempre arrepentido, que comprenda que somos imprescindibles para él, que con nadie encontrará el placer que nosotras le damos, la cena que le tenemos preparada, la cama caliente y las bebidas frías. Ese hombre que goce con nosotras y nos haga gozar haciéndonos sufrir.

(JULIO *canta «Es mi hombre», de Maurice Yvain, con versión española de Jesús María Arozamena y José Juan Cadenas.*)

En cuanto le vi
yo me dije para mí:
es mi hombre.
Solo vivo por él
mientras quiera serme fiel
ese hombre...

VICTORIA   Definitivamente, me atrevería a decir que ya no quedan hombres.

MARGA   No, mi amor. Los que ya no quedan son hombres para mujeres como tú y como yo.

TINO   Estamos nosotros, si es que eso vale de algo.

JULIO   Valemos mucho, pero me temo que estas dos están hablando de otra cosa.

MARGA   Ay, Julito. Ser una mujer moderna y sofisticada como nosotras no es ninguna ganga. Tienes que ser fuerte para poder elegir y que nadie se propase contigo y lo suficientemente débil como para permitir que el hombre saque a relucir su espíritu de protección.

VICTORIA Tienes que ser feminista sin dejar de ser machista. ¿Entendéis la contradicción?

MARGA   Vivir hoy día es demasiado cruel, sobre todo si no tienes pareja estable.

VICTORIA ¿Y quién de nosotras la tiene ya?

MARGA   Si a los veinte años no la tienes, ya no la tendrás nunca.

VICTORIA Y si a esa edad la tienes, desengáñate, porque tu hombre te impedirá desarrollarte como mujer. A lo más, te permitirá convertirte en objeto de contemplación.

MARGA   La obra más bella de una exposición en la que todas competimos por ser la mejor sin que se nos note demasiado.

JULIO   ¿Y por eso estáis aquí?

MARGA   Sí, Julio. Es triste pero es así. Nos ponemos en vuestras manos para convertirnos en eso tan hermoso que no somos pero que debemos parecer. Nos obligamos a gustar y a ser un poquito mejor que nuestras amigas más cercanas, sin pensar que al elevarnos tanto podemos perder de vista la realidad.

TINO   ¡Qué profunda estás hoy! ¡No te conozco!

MARGA   Es solo que hoy me siento como esa chica de la sociedad de la que se enamoró aquel pobre bardo de Machín.

(MARGA *canta «El bardo», de Bobby Capó, célebre en versión de Antonio Machín.*)

Se enamoró un pobre bardo
de una chica de la sociedad.
Era su vida, la del pobre payaso
que reía con ganas de llorar..

TINO   Si no estuviese fuera de lugar, hasta podría echarme a llorar con una historia tan triste.

VICTORIA   No es triste, Tino, sino real.

JULIO   No me salgas tú también en plan «Pobre niña rica», porque no te lo consiento.

VICTORIA   ¿Cómo te atreves? ¿Qué sabes tú de lo difícil que es ser mujer hoy, acosada desde todos los frentes y sin poder concederte ni el más mínimo respiro?

JULIO   Lo que os pasa en el fondo es que no sabéis qué hacer con tanto tiempo como os sobra.

TINO   Justo. Y si os quejáis tanto es por querer llamar la atención.

VICTORIA   Perdona que te lo diga, pero sois vosotros los que hacéis todo lo posible por significaros y llamar la atención. Hasta jugáis con nosotras y nos convertís en muñecas solo para que se fijen en quién de vosotros es más raro y más extravagante. Reconoced que, si de vosotros dependiese, saldríamos a la calle al borde de la ridiculez.

TINO   ¡Qué injustas podéis ser a veces las mujeres! ¿Qué sería de vosotras sin un buen esteticista al lado que os aconseje sobre lo que está de moda y lo que no, y, especialmente, sobre las mejores maneras de conquistar a los hombres?

MARGA   Me temo, Tino, que Victoria tiene parte de razón. Vosotros tenéis cierta tendencia a juzgarnos según vuestros deseos, pero no pensáis que no necesariamente coinciden con los nuestros.

VICTORIA   Y es que en el fondo querríais ser como nosotras, pero no podéis, y por eso tenéis que conformaros con convertirnos en eso que vosotros quisierais ser.

JULIO   Mi amor, siento decepcionarte pero no tengo la menor intención de parecerme a ti más allá de lo estrictamente imprescindible.

TINO   No es verdad, Julio. Siempre has dicho que darías media vida por tener la cintura de Victoria. Y también su piel.

JULIO   Y tú, ¿qué me dices de las pestañas de Marga? ¿Cuántas veces has dicho que se las robarías si pudieras?

TINO   Porque tienen un rizado natural y a mí no me sale.

JULIO   ¿Qué rimmel usas?

TINO   Eso es secreto profesional. Espía, que eres una espía.

VICTORIA   Por favor, no os peleéis.

JULIO   Es él, que está paranoico.

TINO   Y tú envidioso.

JULIO   ¿De qué? ¿De tus pestañas?

VICTORIA   Ni los niños pequeños son tan infantiles.

JULIO   La culpa es suya.

TINO   No, suya.

VICTORIA   Basta ya. Si queréis culpar a alguien, echadle
            la culpa a mami.

            (VICTORIA *canta «Put The Blame On Mame»,
            compuesta por Allan Roberts y Doris Fisher para
            la película «Gilda».*)

            When Mrs. O'Leary's cow
            Kicked the lantern in Chicago town
            They say that started the fire
            That burned Chicago down
            That's the story that went around
            But here's the real low-down
            Put the blame on Mame, boys
            Put the blame on Mame...

TINO   ¡Quién fuese Rita!

JULIO   Le fue fatal con los hombres.

TINO   Puede ser, pero era la Hayworth, y eso no tie-
            ne vuelta de hoja.

JULIO   Yo soy más de Ava Gardner, más felina.

TINO   Pero menos carnal.

JULIO   Eso va en gustos.

TINO   La Crawford tampoco estaba nada mal.

JULIO   ¡Ah, la Crawford! ¿Y qué me dices de Bette?

TINO   Los ojos demasiado saltones.

JULIO   ¿Saltones dices? ¿Tú qué sabrás?

MARGA   Perdonad que os interrumpa, pero diría que aún no habéis terminado con nosotras.

TINO   ¿Y quién piensa en mujeres cuando está hablando de diosas?

JULIO   ¿No queríais ser sofisticadas? Pues deberíais empezar por fijaros en ellas.

TINO   Yo nunca he visto a Audrey Hepburn en el mercado.

JULIO   Ni yo. Jamás, jamás. ¡Qué horror! ¿Te imaginas?

TINO   ¿Y qué me dices de Lana Turner?

VICTORIA   ¿Os importaría abandonar las estrellas y volver a la vida real?

TINO   ¿Y quién dice que nuestra vida real no sea esa? El lujo, el esplendor…

VICTORIA   Me parece muy bien, pero tenéis un trabajo que hacer y aún no habéis terminado.

TINO   Pero no compares. Estamos hablando de gente grande de verdad, no de disfraces.

MARGA   ¿Disfraces?

TINO   Claro. Venís aquí porque necesitáis disfraza-
           ros para atrapar a un hombre.

JULIO   ¿Por qué si no ibais a someteros a la tiranía de
           la crema exfoliante, de la depilación a la cera,
           del peeling desincrustante?

TINO   Por puro disfraz. Y queréis que os hagamos de
           todo, que os dejemos preparadas para ellos, dis-
           puestas al sacrificio, cocinadas como el man-
           jar más rico del banquete.

JULIO   Estáis aquí porque intentáis seducir a los
           hombres no por lo que sois, sino por lo que
           ellos querrían que fueseis.

TINO   Porque sabéis que, tal como sois, a ellos no les
           gustáis.

JULIO   Porque sabéis que, en el fondo, a los hombres
           no les gustan las mujeres.

TINO   Sino las zorras.

JULIO   Y estáis aquí para que os convirtamos en zorras.

TINO   Peor aún: para que saquemos a la luz la zorra
           que lleváis dentro.

*(Todos juntos cantan «Big Spender», del musi-
cal «Sweet Charity» creado por Dorothy Fields
y Cy Coleman.)*

The minute you walked in the joint,
I could see you were a man of distinction,
A real big spender,
Good looking, so refined.
Say, wouldn't you like to know
What's going on in my mind?...

TINO   Preciosas, si aquí hay una zorra, juro que no
            sé distinguirla.

MARGA   Será que a lo mejor hay más de una.

JULIO   Cuatro zorras.

VICTORIA   Cuatro, sí, pero muy sofisticadas.

(Risas cómplices.)

Fin

ïndice

Esta primera edición de *Asma de copla*, El *beso en España* y *Sofisticadas*
de Pedro Víllora, terminó de imprimirse
en diciembre de dos mil veintitrés,
en Málaga.